T0026083

Plutón Kids

Vida Saludable

Alejandro Algarra / Jon Davis

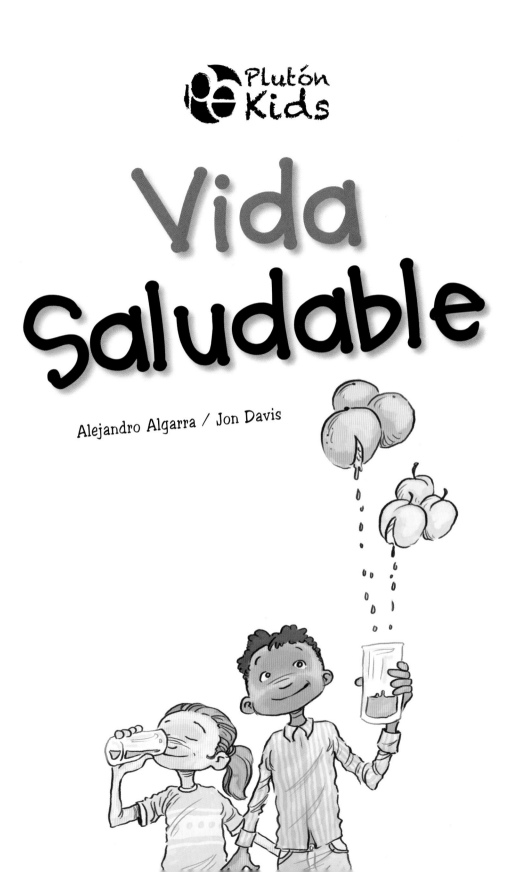

Contenido

La buena salud empieza en la cama

¿Sabes dónde empieza la buena salud? No empieza con la limpieza ni con el ejercicio, y tampoco empieza con la alimentación.

El sitio donde comienza la buena salud es tu cama. Con ocho o más horas de sueño nocturno, tu cuerpo descansa y recarga la energía que gasta durante el día. El cerebro también reposa, pero a su manera: se pone a trabajar sin parar, ordena los pensamientos, almacena los datos más importantes del día en la memoria y aún le queda tiempo para soñar.

¡Descansa mientras sueñas!

Bañarse: un buen escudo contra los microbios

Hoy acabas de jugar un partido de fútbol, otro día te reúnes con tus amigas y juegan un partido de baloncesto y siempre, cuando llegas a casa, estás sudada de pies a cabeza porque te encanta subir las escaleras de dos en dos y correr.

¿Qué debes hacer después? Darte un buen baño (o una ducha). Lávate bien la cabeza, los pies y el cuerpo entero. Con este hábito diario te proteges porque eliminas toda la suciedad y los microbios que tu piel ha ido acumulando durante el día.

¡Un cuerpo limpio y bien protegido!

Dientes limpios, sonrisa sana

Cuida bien tus dientes porque son muy importantes. Después de cada comida y antes de acostarte por la noche debes cepillártelos bien. ¡Es muy fácil! Eso ya lo sabes, ¿verdad?

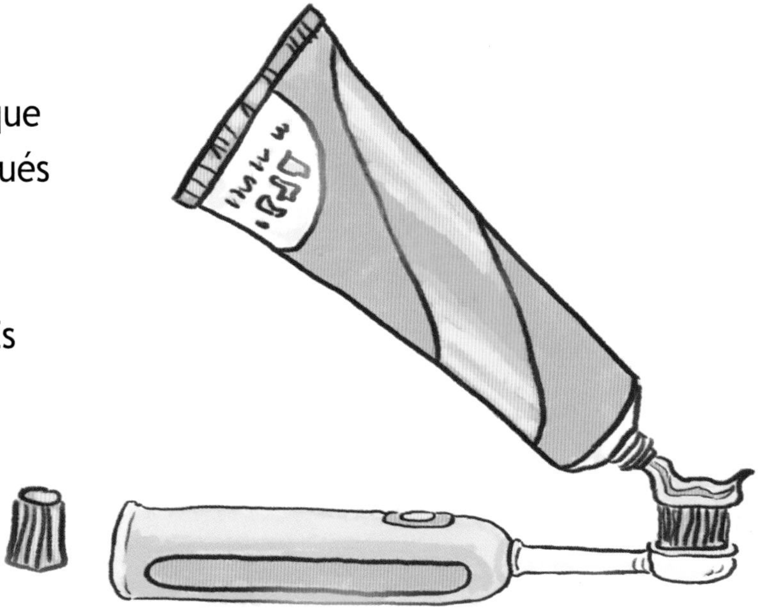

Toma tu cepillo, que es solo para ti, y pon la cantidad necesaria de pasta de dientes. Cepíllate los dientes por delante y por detrás, y no te olvides de las encías y de la lengua. Para limpiarte bien tienes que mover el cepillo de abajo hacia arriba y de arriba hacia abajo, como si estuvieras pintando una pared.

Cuídalos. Tienen que durar toda la vida.

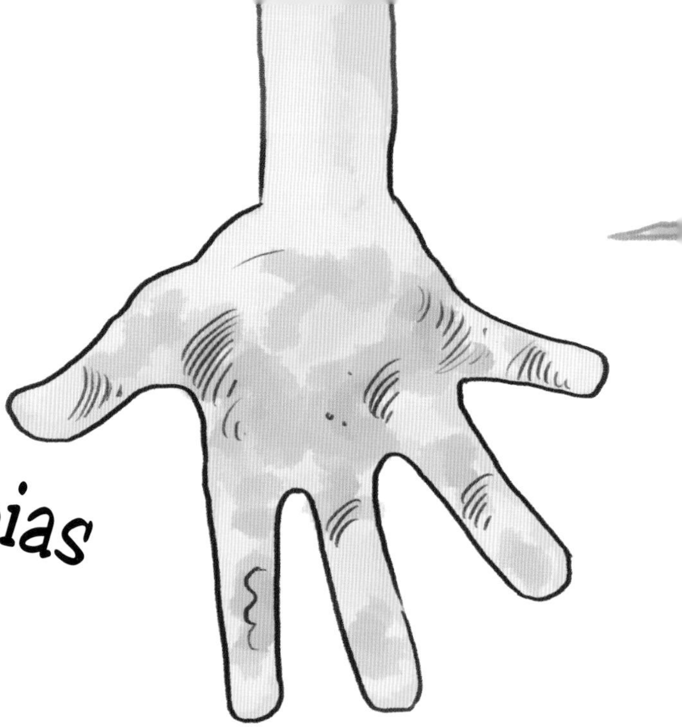

Las manos, siempre limpias

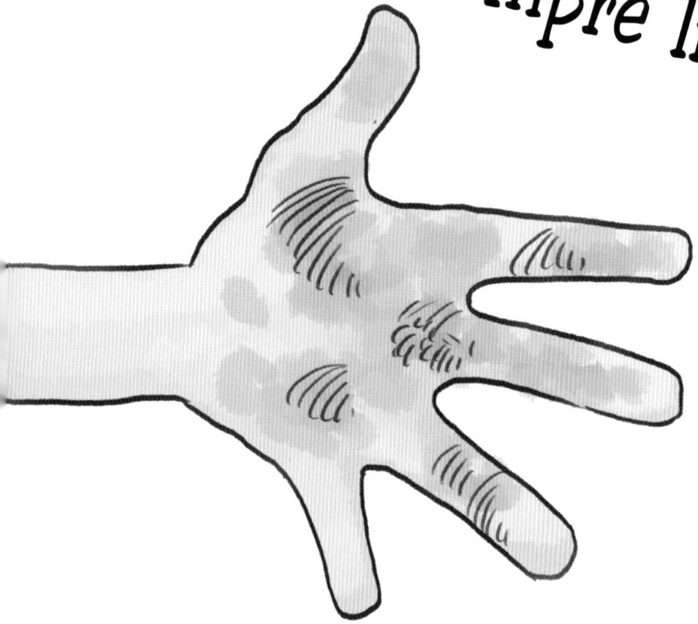

Hay una parte de tu cuerpo que tienes que lavar con frecuencia: las manos. Antes y después de ir al baño, antes de comer, cuando tocas tierra o el suelo, o cuando vuelves de la calle. En todas esas ocasiones lávate bien las manos con jabón. ¿Sabes por qué?

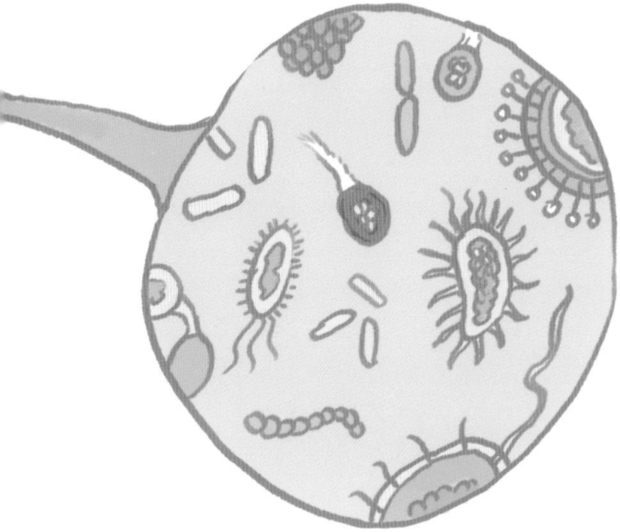

Las manos siempre están en contacto con el mundo exterior: las usas para tocar, para explorar, para saludar y acariciar (por ejemplo, a un perrito…), y así se llenan de microbios. Si te las lavas a menudo, eliminas todos esos gérmenes.

¡Cierra el grifo mientras te enjabonas!

¡No olvides la protección solar!

¿Te gusta ir a la playa, jugar en la arena y darte un chapuzón en el mar? ¡Fantástico! Ponte el traje de baño, agarra el cubo y el rastrillo y ¡a jugar!. Pero nunca te olvides de la crema protectora.

El sol nos calienta y es bueno que sus rayos toquen nuestra piel. Sin embargo, si no la protegemos podemos quemarnos. Extiende bien la crema por los brazos, las piernas, la barriga, el cuello y la cara (¡no te olvides de las orejas y la nariz!). Para la espalda pide ayuda. ¡Listos! Ya puedes correr y lanzarte al agua o sentarte a construir un castillo.

¡Nunca tomes el sol sin protección solar!

El ejercicio nos hace fuertes

¿Te gusta hacer ejercicio? Si la respuesta es «sí», ¡fantástico! El deporte hace que tus músculos estén fuertes. Es estupendo también para tus huesos y, en general, para todo tu cuerpo y tu mente. Hacer ejercicio puede ser muy divertido, y más si practicas deportes en equipo.

¡La forma más divertida de mantenerse sano!

Si respondiste «no» a la pregunta, piénsalo dos veces y proponte salir a hacer ejercicio cuanto antes. No te arrepentirás. Cuando encuentres un deporte que te guste, no lo querrás dejar.

La buena digestión empieza en la boca

La digestión empieza en la boca, y la buena digestión empieza con la correcta masticación de los alimentos. Cuando vayas a comer, no tengas prisa.

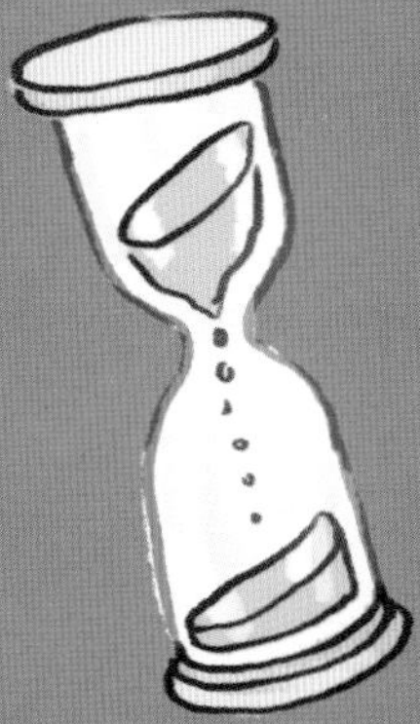

Tanto si le das un mordisco a una pieza de fruta como si te metes en la boca un trozo de carne pinchado en un tenedor, cuando mastiques, hazlo lentamente.
Procura hacerlo durante un buen rato, hasta que el alimento se convierta en trocitos muy pequeños que puedas tragar sin problema. Sin esfuerzo estarás contribuyendo a tener una digestión excelente.

Las personas que mastican bien no tienen dolor de barriga.

Comer bien

es comer de todo

Para estar sano, fuerte y crecer mucho tienes que comer de todo. ¿Qué significa «comer de todo»?

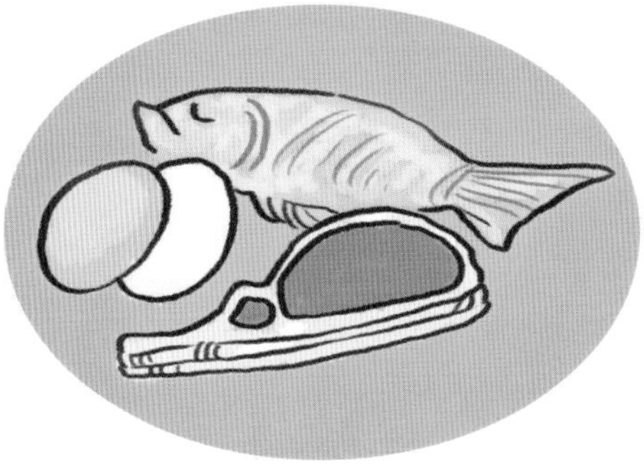

Dieta sana, dieta variada.

Es sencillo: a lo largo de un día es muy importante comer proteínas, carbohidratos (azúcares), grasas, sales minerales y vitaminas. Y no te olvides de beber suficiente agua. ¿Es difícil conseguirlo? ¡Para nada! Una alimentación sana, que es la que papá y mamá te tienen que dar, lleva todos estos nutrientes tan importantes en cantidades adecuadas.

Cinco comidas al día

Durante un día es necesario comer, por lo menos, cinco veces. Fíjate en lo importante que es cada comida. A primera hora de la mañana, el desayuno te ayuda a empezar el día con energía: es un buen momento para cargar las pilas.

El refrigerio de media mañana y la merienda deben ser ligeros y sirven para mantener el cuerpo y la mente en funcionamiento. Por último, el almuerzo y la cena son las comidas más importantes. De las dos tu cuerpo debe obtener todos los nutrientes necesarios en un día.

¡No te saltes las comidas!

Una pirámide de comida

Para tener una alimentación sana tienes que comer de todo, pero algunos alimentos debes tomarlos a diario y otros, en cambio, muy de vez en cuando. Es fácil saber qué alimentos puedes comer a menudo y cuáles no.

Imagina una pirámide o un triángulo. Coloca en la parte de abajo los alimentos que puedes comer todos los días. En los pisos del medio, lo que puedes tomar un día sí y uno no. Más arriba caben pocos: son los que puedes comer una o dos veces por semana. Y en la punta de arriba, los alimentos que debes comer muy de vez en cuando.

¡Es muy sencillo!

Cuando el pan es tu enemigo

Algunas personas no pueden comer pan hecho con trigo y otros cereales, como el centeno.

Estos alimentos tienen un componente, el gluten, que les sienta muy mal y además les puede hacer mucho daño. Por eso, las personas con celiaquía (así se llama la enfermedad) tienen que buscar alimentos sin gluten. Por suerte, se puede hacer pan, pasta, galletas y un montón de alimentos para las personas celíacas con otras harinas: de maíz, de garbanzos, de quinoa, etc.

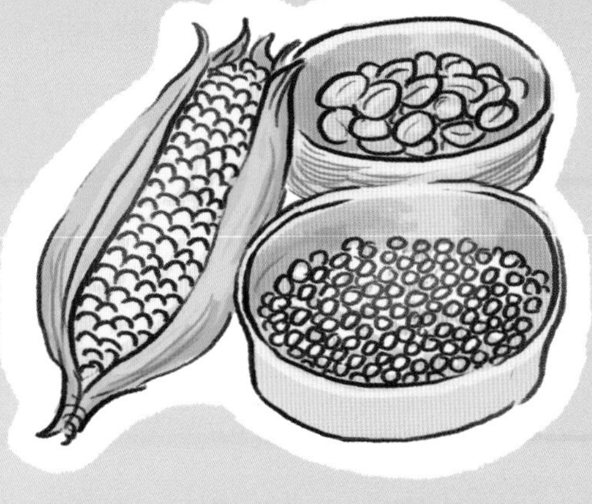

¿Conoces a alguien celíaco?

¿Por qué no puedo beber leche?

Es muy importante beber leche a diario o comer alimentos hechos a partir de ella, como el queso o el yogur. La leche contiene proteínas y grasas muy nutritivas, además de minerales importantes como el calcio, para tener huesos fuertes.

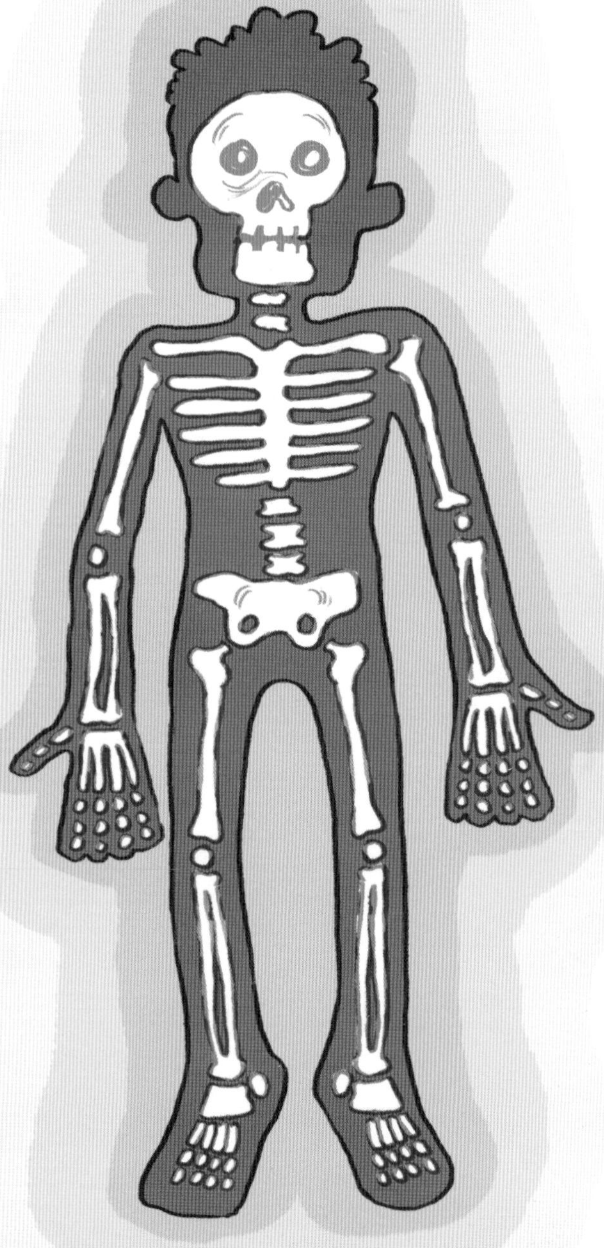

También tiene un azúcar especial que se llama lactosa. Este azúcar da mucha energía, pero algunas personas no pueden tomar lácteos porque les sienta muy mal. No pueden digerir ni absorber la lactosa, y por eso se ponen malitos si entra en su cuerpo. Lo mejor para ellas es tomar leche, queso o yogur sin lactosa.

¿Te sienta bien la lactosa?

Me gustan mucho las manzanas

¿Hay alguna fruta que te guste más que las demás? ¿Verdad que te encanta el sabor dulce de algunas? Son tan deliciosas porque tienen azúcares: la fructosa, la sacarosa y la glucosa son los más importantes.

Pero la fructosa, que abunda en las manzanas o en productos como la miel, no le sienta bien a todo el mundo. Los que no pueden absorberla bien en el intestino se ponen muy mal cuando comen alimentos con mucha fructosa. Para ellos es mejor comer otras frutas que lleven menos cantidad o incluso evitarlas completamente.

Los plátanos y la piña son bajos en fructosa.

Eso no lo puedo comer...

Cuando tienes una alergia, tu cuerpo reacciona contra algo. Ese «algo» puede ser un montón de cosas. Respirar polvo o polen, o tocar el pelo de los animales puede dar alergia.

Algunas personas tienen alergia a ciertos alimentos: el huevo, el marisco, los frutos secos o la leche, por ejemplo. Hay gente a la que le duele la barriga, vomita y se siente mal si come lo que le causa alergia. Otros pueden tener una reacción mucho más fuerte y peligrosa con tan solo tocarlo. Por eso, si eres alérgico a algún alimento, lo mejor es no comerlo jamás y, a veces, ni tocarlo.

Ten mucho cuidado si tienes alergias.

Mejor sin azúcar

¿Te gusta el sabor dulce? ¡Seguro que sí! La fruta contiene azúcares naturales. Es muy bueno comer fruta todos los días porque nos gusta su sabor y nos da energía, muchas vitaminas, fibra y agua.

Pero lo que no es nada bueno es comer azúcar puro como el que encuentras en los dulces, las golosinas y la pastelería. No aporta nada más que energía, que si no la gastamos se convierte en grasa y nos hace engordar. Además, comer mucho azúcar es muy malo para el cuerpo.

¿Quieres endulzarte?
¡Come fruta!

Vivir sin comer carne ni pescado

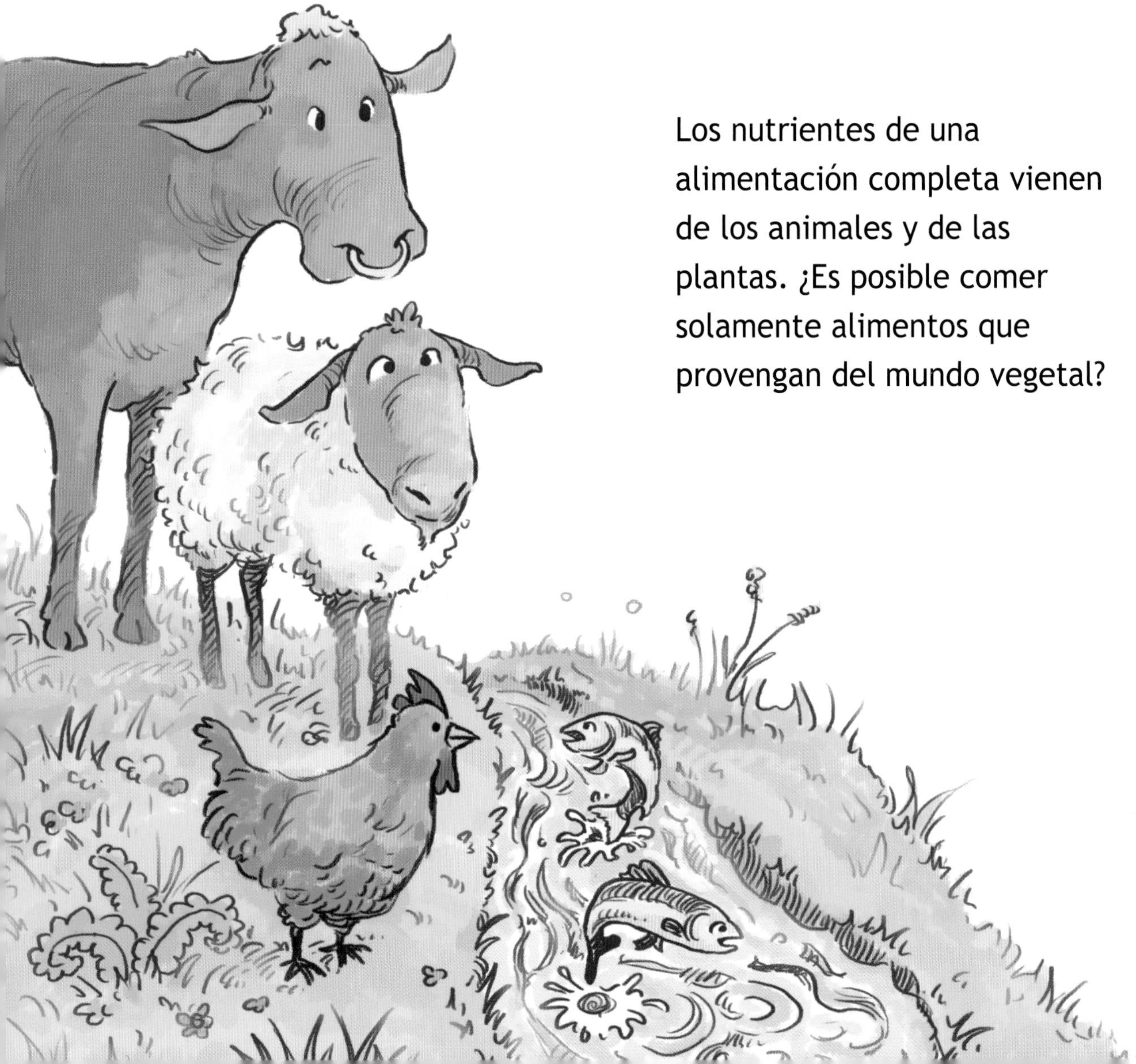

Los nutrientes de una alimentación completa vienen de los animales y de las plantas. ¿Es posible comer solamente alimentos que provengan del mundo vegetal?

Algunas personas prefieren no comer carne ni pescado. Son vegetarianas. En su dieta hay fruta, verdura y productos que vienen de las plantas, como la harina y el tofu (que está hecho con soja). Además, pueden tomar leche y huevos, aunque vengan de los animales. Si les falta alguna vitamina o mineral, pueden tomar una pastilla y ya está.

¿Qué opinas?

Solo vegetales en la dieta

Los veganos van un paso más allá que los vegetarianos. Ellos no quieren comer nada que tenga origen animal. Por tanto, no comen carne, pescado, huevos, leche, yogur o queso. Tampoco comen miel, porque está hecha por animales (las abejas) y no llevan ropa hecha de cuero o lana. Los veganos se preocupan por el bienestar de los animales y por el medio ambiente.

Es un estilo de vida muy estricto que no debe adoptarse en la infancia ni en la adolescencia, ni en mujeres embarazadas o en periodo de lactancia.

¿Te imaginas llevar una dieta vegana?

Expertos en leer etiquetas

Dile a papá y a mamá que te enseñen a entender las etiquetas del supermercado. Si ellos no las entienden, toda la familia tiene que buscar información y aprender a entenderlas.

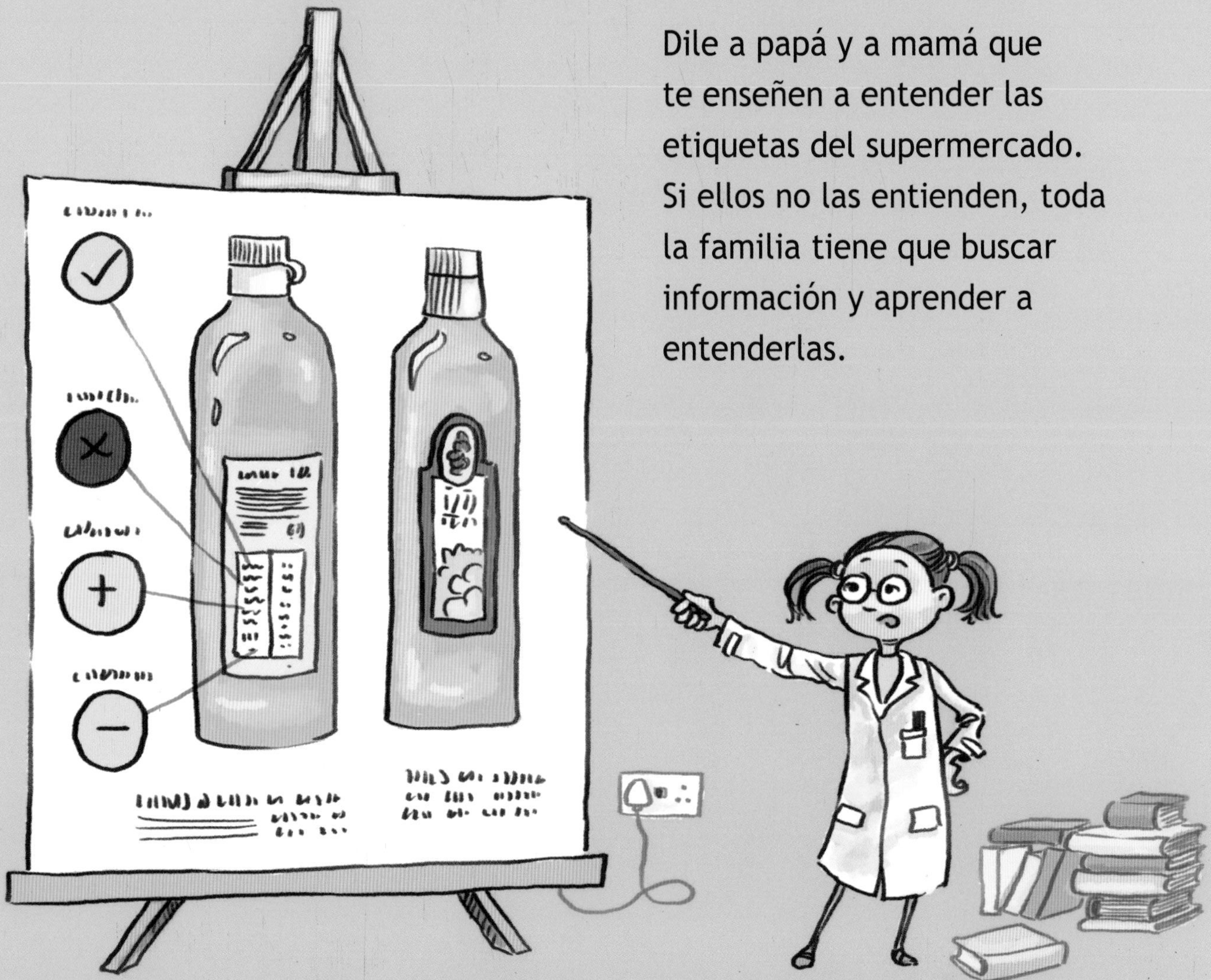

Así, cuando sean expertos, sabrán en seguida qué ingredientes lleva lo que compran y seguirán una alimentación muy sana. Sabrán cuáles llevan demasiado azúcar o demasiada grasa mala, cuáles llevan colorantes o conservantes y cuáles llevan gluten o fructosa (es importante si hay alguien con intolerancia en casa).

¡Lee siempre la etiqueta de lo que comes!

Las reuniones más importantes del mundo

Reunirse en familia alrededor de la mesa para desayunar, comer y cenar es buenísimo. Así, no solo se comparte la comida, sino también los sueños y deseos de cada uno.

Se planea el día que queda por delante si desayunamos juntos o cada uno cuenta el día que ha tenido si estamos almorzando o cenando. Si hay algún problema, se puede discutir alrededor de la mesa (con respeto y cariño siempre). Ahora no lo sabes, pero cuando seas mayor recordarás con alegría las comidas en familia.

¡Cada comida puede ser una fiesta!

El poder de la música

¿Sabías que escuchar tus melodías favoritas puede animarte los días que estás cansado o aburrido? Se han hecho estudios sobre los efectos de la música sobre la mente. No tienes que ser un científico para ver cómo influye en tu cerebro, puedes comprobarlo tú mismo.

Hay un truco para que la música te ayude. No se trata de escuchar la que es parecida a tu estado de ánimo, sino al contrario: escucha la que necesitas para cambiarlo. Cuando necesites motivarte, escucha música animada, con letras optimistas; cuando quieras relajarte, ponte melodías suaves y de ritmo calmado.

¡Anímate, pruébalo ya!

Hora de dormir,
hora de apagar la pantalla

Para tener un sueño largo y reparador tienes que evitar los aparatos electrónicos. Cuando se hace de noche, tu cerebro produce una sustancia que es muy importante para dormir bien: la melatonina. Sin embargo, la luz de las pantallas engaña al cerebro, que piensa que aún es de día y produce esa sustancia en menores cantidades.

Media hora antes de acostarte, apaga la pantalla de tu teléfono móvil, tu tableta o tu ordenador. Y mejor aún: apágalos completamente o aléjalos de tu dormitorio. A la hora de dormir, aparatos electrónicos fuera.

¡Nada de dispositivos electrónicos a la hora de acostarse!

Bebe sin plástico para salvar el planeta

Es importante beber líquidos a menudo para tener buena salud y que nuestro cuerpo funcione perfectamente. ¿Cómo tomas el agua, la leche o el zumo que llevas contigo? Seguramente en botellas de plástico o en pequeños tetrabrik, y con una pajita o popote para que beber sea más cómodo. Todo eso acaba, a diario, en la basura.

Te propongo un reto: intenta pasar tres semanas sin usar ni una sola botella, tetrabrik o pajita. Busca alternativas: recipientes y pajitas reutilizables, por ejemplo. Si logras que esto se convierta en un hábito, estarás ayudando a salvar la tierra, el mar y los animales que habitan en nuestro planeta.

La clave es reutilizarlo todo.

Reduce, reutiliza y recicla los materiales

Cada día nuestro planeta se va llenando de basura, que es muy perjudicial para el medio ambiente. Creamos residuos que van a parar a la tierra, al aire, a los ríos y a los mares. Allí acaban por hacer mucho daño a los animales, las plantas y los paisajes.

¿Qué puedes hacer tú para evitarlo? En primer lugar, procura REDUCIR al máximo la cantidad de basura que produces. Para lograrlo, usa cosas hechas con materiales que se puedan REUTILIZAR. Por último, tienes que RECICLAR los residuos. Si se reaprovecha el plástico, el vidrio, el papel y el metal de la basura, evitaremos que todo eso acabe en la tierra, el aire y el agua.

Salvar el planeta es una ventaja para todos.

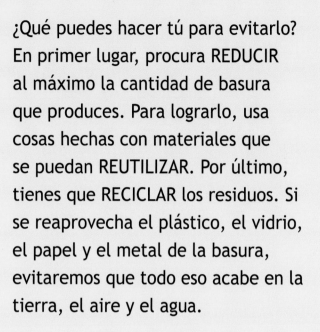

Elige comida natural

En el colegio, en casa, en el supermercado o en un restaurante, elige siempre comida natural en vez de comida procesada.

La comida natural hecha en casa con ingredientes frescos siempre será más sana que la misma comida hecha y procesada en una fábrica. La industria de la alimentación necesita añadir ingredientes a la comida para que dure más tiempo, para que tenga un color atractivo o un determinado sabor. Es mejor que evites todos esos ingredientes.

¡Las recetas de papá y mamá son más sabrosas y mejores para tu salud!

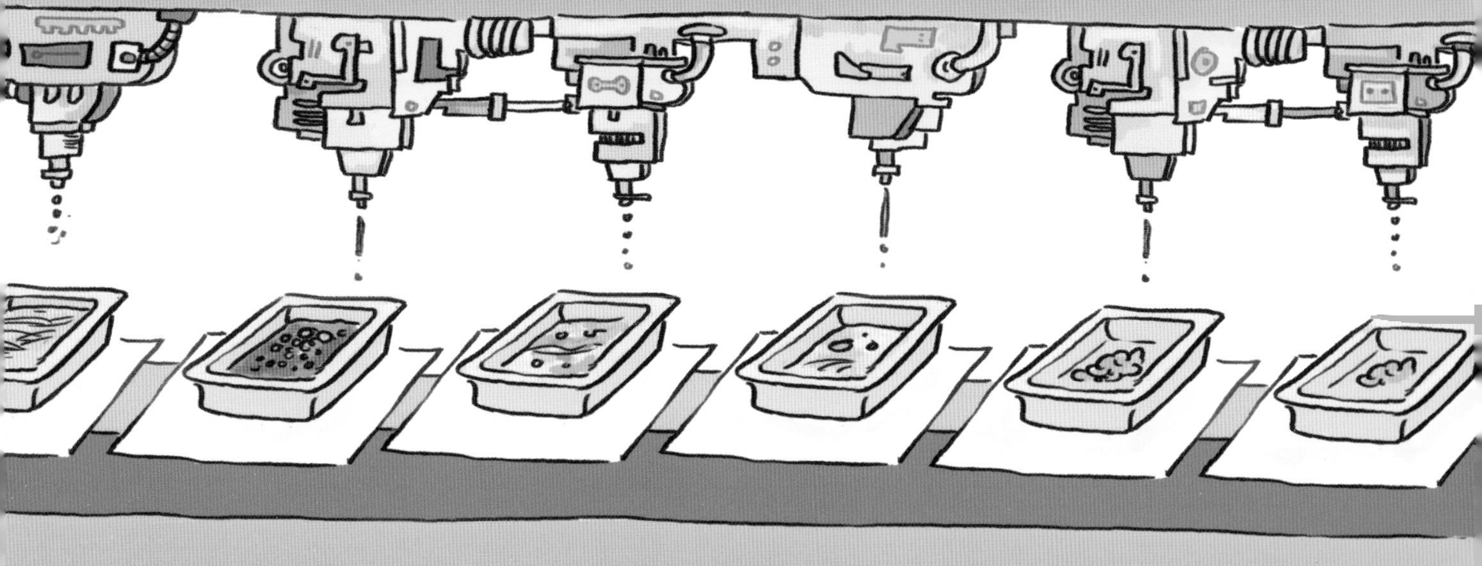

Alimentos locales, alimentos de confianza

En las tiendas de alimentación y en el supermercado, lo mejor es elegir siempre alimentos de proximidad. ¿Qué significa «alimentos de proximidad»? Son aquellos que han sido cultivados (si son vegetales) o criados (si son de origen animal) cerca de donde vives.

Son mejores porque son más frescos y sabrosos que si son de lugares lejanos. Además, no se contamina el ambiente para transportarlos porque han crecido cerca de tu casa y comprándolos favoreces a los pequeños productores.

¡Todo son ventajas!

El estrés no es tu amigo

A veces, cuando estás preocupado, tu cuerpo se siente mal y te duele la cabeza o notas como un dolor en la boca del estómago. Es como una angustia muy desagradable. Eso que notas se llama «estrés».

Cuando tienes por delante un día complicado, con muchas actividades y poco tiempo para hacerlas, aparece el estrés. Esta reacción de tu cuerpo a los problemas es buena para estar alerta y solucionar una situación difícil, pero el estrés es malo cuando está ahí siempre ante cosas como los deberes o los exámenes. Dormir bien, relajarte y quitar importancia a las cosas que no la tienen puede ayudarte a combatirlo.

¡Tómatelo con calma!

Un batido superespecial

Ya sabes lo importante que es comer fruta y verdura a diario. A veces, estos alimentos no te apetecen mucho, pero hay una manera muy sana y deliciosa de tomarlos: los zumos y los *smoothies*. Cuando haces zumo, exprimes todo el jugo que lleva dentro una fruta, como la naranja, y te lo bebes. ¡Qué rico!

Los *smoothies* son aún mejores: se preparan triturando frutas, verduras y más alimentos buenos, como semillas o yogur, y se sirven mezclados como un batido. Tienen toda la fibra y las vitaminas que no tiene un simple zumo.

¿Ya sabes qué receta de smoothie vas a pedir a tus padres mañana para desayunar?

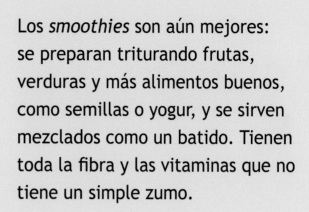

Agua sí, gracias

La mejor bebida que puedes elegir cuando tienes sed es el agua. En las tiendas, en los restaurantes, en los puestos callejeros o en las playas puedes encontrar bebidas de muchos sabores: naranja, limón, cola, chocolate, vainilla... Algunas llevan gas y otras no, pero normalmente todas llevan muchísimo azúcar, y ese es el problema principal.

Ya sabes que el azúcar extra en las bebidas y los alimentos no es nada bueno para la salud. Elige siempre agua como bebida y acertarás seguro.

Bebe agua para calmar la sed.

Una ayuda para el ejercicio

A lo mejor tomas bebidas especiales cuando haces deporte. Esas bebidas llevan sales y azúcar que ayudan a reponer todo lo que pierde el cuerpo con el sudor.

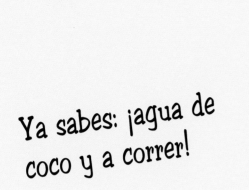

Ya sabes: ¡agua de coco y a correr!

¿Sabes para qué se usa el agua de coco? Los cocos jóvenes están llenos de un líquido casi transparente. El líquido, además de agua, contiene muy poco azúcar y una gran cantidad de sales minerales. Beber agua de coco es una opción muy saludable para deportistas, mucho mejor que los refrescos y bebidas con azúcar y sales.

Refrigerios más ricos y muy sanos

Llegas a casa por la tarde después de estar todo el día leyendo, saltando, jugando… y de pronto te parece que tienes un agujero en el estómago. ¡Qué hambre! A lo mejor lo primero que te viene a la cabeza es comerte un montón de galletas o pan untado con crema de chocolate y avellanas.

¡No lo hagas! Tienes opciones igual de deliciosas y muy sanas. Quítate el hambre con *snacks* basados en frutas o verduras. Por ejemplo, congela zumos de fruta y fabrica ricos helados; pide que te corten trozos de frutas o de verduras, como la zanahoria y el pepino, y cómetelos como refrigerio; prepara ensaladas de fruta.

¿Se te ocurre alguna otra idea?

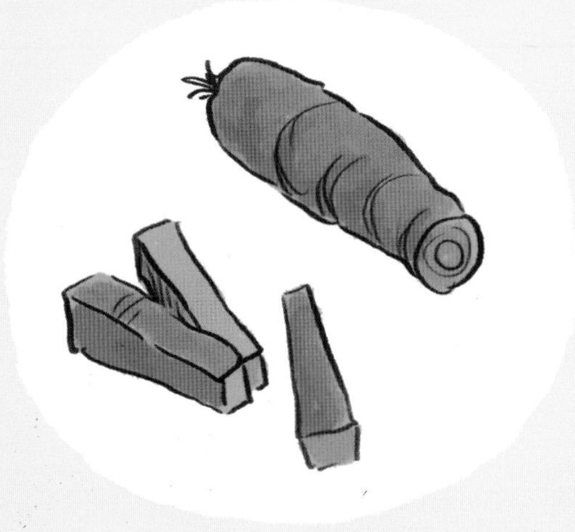

Cuidado con la multitarea

¿Sabes qué es la multitarea o hacer tareas múltiples? Es lo que haces cuando comes, escribes o haces los deberes y, a la vez, consultas algo en Internet, respondes un mensaje o miras un vídeo en la pantalla. La multitarea parece una forma de ahorrar tiempo, pero en realidad no lo es.

Piensas que si haces dos cosas a la vez eres más eficaz y ganas tiempo. En realidad, te costará todo el doble o el triple, porque la mente solo puede concentrarse realmente en una cosa cada vez, y acabarás haciendo varias cosas medio mal y necesitarás repetirlas. Confía en lo que voy a decirte:

si no haces multitarea, tendrás más tiempo.

Buena postura: espalda sana

Si cuidas la espalda, tu cuerpo te lo agradecerá toda la vida. Tu columna vertebral es fuerte, pero hay que tratarla bien. Y no es difícil: solo tienes que recordar unos consejos y ponerlos siempre en práctica.

Mantén la cabeza recta, sin forzar el cuello. Cuando estés sentado y también cuando estés de pie y al caminar, pon recta la espalda, no la encorves (aunque por un rato te sientas más cómodo así). Último consejo: si cargas una mochila, colócala bien a los dos lados de la espalda y nunca pongas demasiadas cosas. Si tienes que llevar más peso, mejor una mochila que puedas arrastrar como una maleta.

Una espalda recta
es una espalda sana.

La alegría de dar las gracias

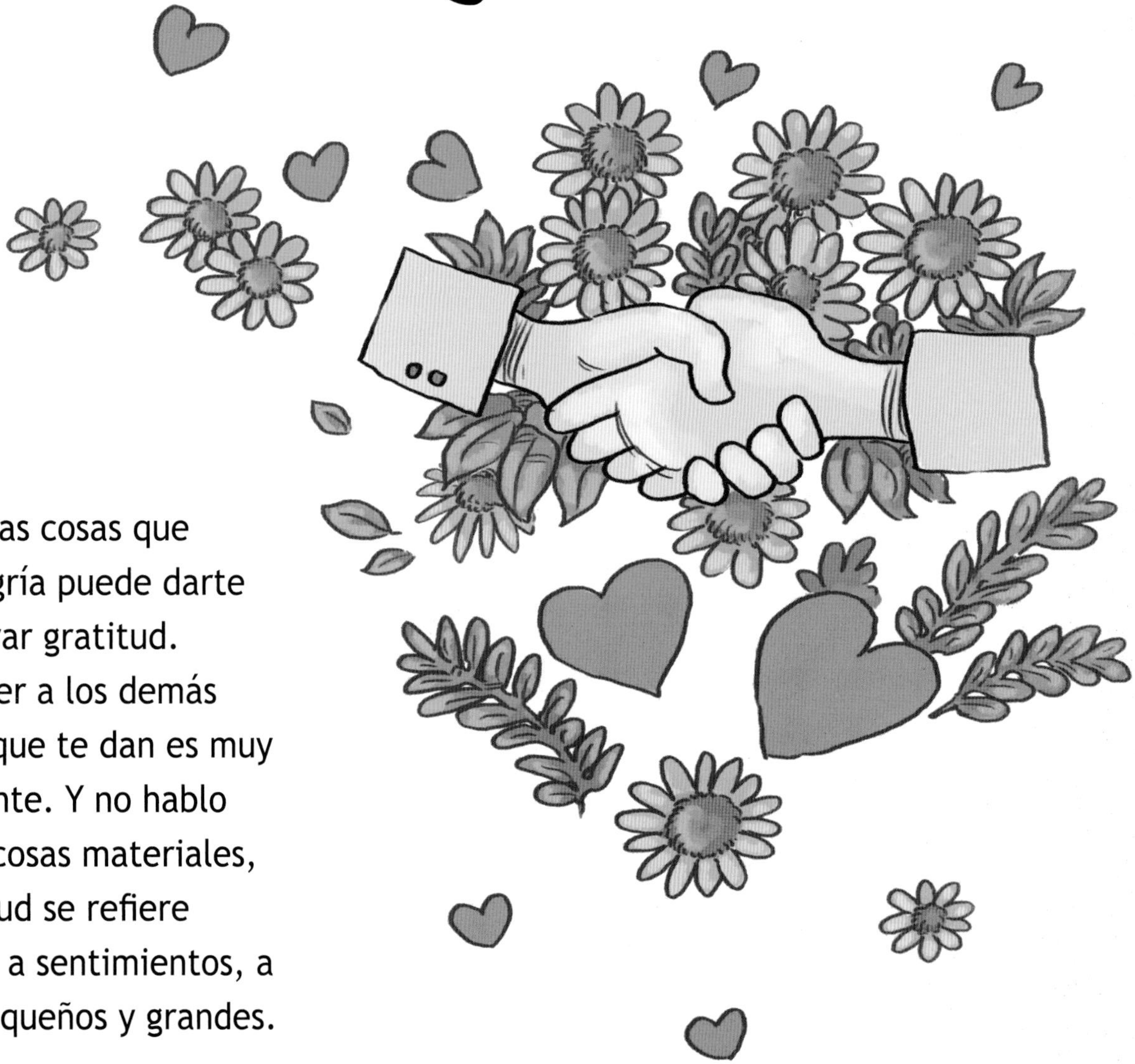

Una de las cosas que más alegría puede darte es mostrar gratitud. Agradecer a los demás todo lo que te dan es muy importante. Y no hablo solo de cosas materiales, la gratitud se refiere también a sentimientos, a actos pequeños y grandes.

¿No sabes cómo mostrar gratitud? Es muy sencillo: piensa en alguna cosa buena que te haya pasado o que hayas hecho hoy y da las gracias por ello. Si tus padres, tu maestra, tus amigos o tu hermana te han ayudado, agradéceselo.

¡Dar las gracias sienta tan bien!

Un paseo por la naturaleza

¿Tienes la suerte de vivir en el campo o cerca del mar? Seguro que ya sabes lo bien que sienta un paseo al aire libre. Para empezar, es muy sano, porque tus pulmones se llenan de aire fresco.

¡En la naturaleza siempre se aprende!

La naturaleza está tan repleta de belleza que es imposible no disfrutar con todos los sentidos: el olor a bosque y el aroma del mar, el canto de los pájaros y el sonido de las olas, los colores de las hojas y los de la arena mojada cuando el sol la ilumina...

Mascotas:
aprender y amar

Tener mascotas es la manera más sencilla de aprender a amar a los animales. Adoptar una es fantástico porque te enseña lo importante que eres para su bienestar. Debe estar bien alimentada, debe vivir en un espacio limpio y tienes que procurar que esté aseada.

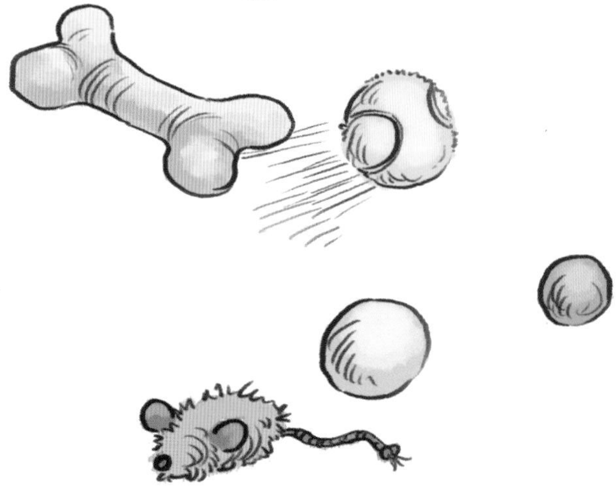

Y no olvides darle muchos mimos, ¡aunque eso no cuesta ningún esfuerzo! En respuesta a tus cuidados, tu mascota te dará cariño y será tu amiga durante toda su vida.

¿Hay algo más bonito que tener una mascota?

Posturas para el cuerpo y la mente

El yoga nació hace miles de años en la antigua India. Abarca muchas cosas beneficiosas para la salud: ejercicio, relajación, meditación... Si lo practicas, lograrás aprender a respirar de forma que puedas relajar tu cuerpo y también tu mente.

No solo se trabaja la respiración en el yoga, también se aprende a poner el cuerpo en posturas que, si las mantienes durante un tiempo, ayudan a que te relajes y te sientas muy bien.

Respira hondo y haz yoga.

Lo más parecido a la leche

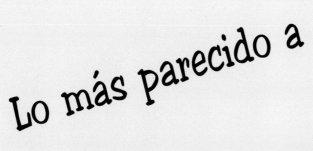

Seguro que sabes que la leche que tomas procede de animales como las vacas, las cabras y las ovejas. Un momento, ¿toda? A lo mejor has encontrado en el supermercado tetrabriks de leche de almendras, de avena, de soja, de coco, de arroz... Como puedes ver, todas provienen de las plantas.

Estas bebidas tienen muy buen sabor y se parecen a la leche, aunque no lo son realmente. Sirven para sustituirla y las toma la gente que no puede beberla porque le sienta mal (por alergia o intolerancia) o porque quiere eliminarla de su dieta voluntariamente (vegetarianos y veganos, por ejemplo).

¿Te apetece probar un poco de bebida vegetal?

Alimentos llenos de vida

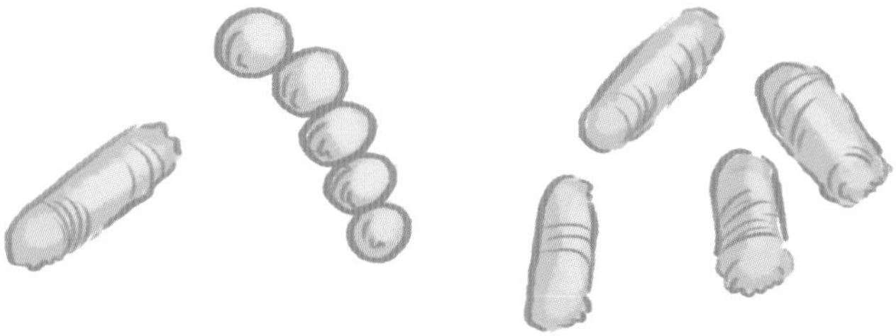

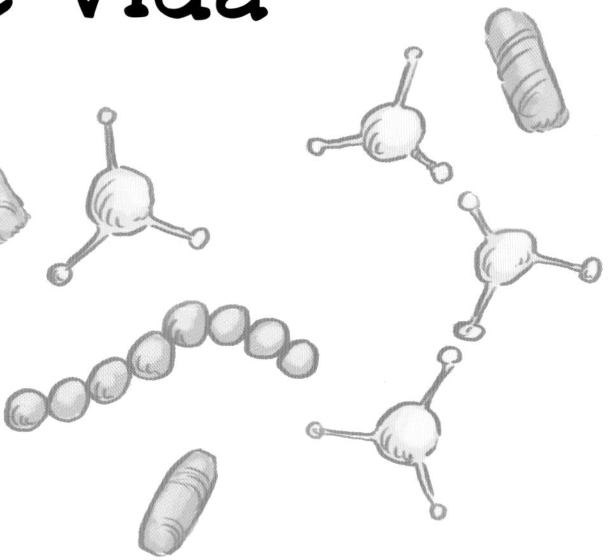

¿Sabes que el yogur es un alimento repleto de bacterias? Lo has leído bien: microbios. Pero no te asustes porque son del equipo de los «buenos».

La leche, cuando se fermenta por las bacterias que forman el yogur, se convierte en un superalimento muy bueno para la salud. Los científicos estudian estas bacterias de los alimentos fermentados para comprobar todos los beneficios que tienen.

¡Es bueno tomar yogur todos los días!

Microbios que trabajan para ti

Además del yogur, existen más alimentos fermentados por bacterias u hongos. Seguro que en tu casa hay más de uno. El vinagre, los pepinillos, el queso, el chocolate, incluso el pan, provienen de una fermentación. Todos pueden ser beneficiosos para la salud si los tomas sin excesos, como cualquier otro alimento.

Hoy en día puedes encontrar un montón de fermentados, o probióticos, en las tiendas: fermentados de soja (el miso y el tempeh), de leche (el kéfir), de hojas de té (la kombucha) y de verduras (el chucrut y el kimchi).

¡Atrévete a probar alguno!

Más que un deporte

Si no te gustan mucho los deportes de equipo, pero quieres hacer un buen ejercicio, puedes probar alguna de las artes marciales. ¡No te arrepentirás! Existen muchas distintas: karate, judo, taekwondo, jiu-jitsu, kung-fu, capoeira...

Algunas se centran en golpear con las manos, otras en controlar con patadas y otras en inmovilizar o tumbar al contrario sujetándolo. En todas ellas podrás ejercitar y conocer mejor tu cuerpo, pero también ganarás confianza en ti mismo y aprenderás a respetar al contrario. Y además, es una buena manera de aprender a defenderte.

¿A qué color de cinturón quieres llegar?

Inhala, exhala... y corre

¿Sabes cómo respirar cuando haces deporte? Cuando corres, si hace frío lo mejor es inhalar el aire por la nariz (así ayudas a calentarlo) y exhalarlo por la boca. Si hace calor es mejor tomarlo y echarlo por la boca.

Para evitar la acumulación dolorosa de gases, va bien aprender a respirar con el diafragma. Puedes ensayarlo antes de correr: pon una mano en el pecho y otra en la barriga. Ahora, inhala y exhala profundamente, procurando que el pecho se hinche lo mínimo posible. Estás respirando con el diafragma.

Respira bien para correr mejor.

Ejercicio

antes del ejercicio

Es muy importante que antes de hacer ejercicio hagas un calentamiento. Sirve para protegerte de las lesiones y para que el cuerpo se ponga en marcha poco a poco y no de golpe.

¿Cómo tienes que calentar? Es fácil. Empieza a correr suavemente y poco a poco sube la intensidad. De esta forma calientas los músculos y te sube el pulso. También va muy bien hacer estiramientos. El calentamiento te protege de las lesiones en articulaciones importantes como las rodillas, los tobillos, las muñecas y los hombros.

No te olvides de calentar.

Pensar en paz para estar bien

El mundo de hoy es tan movido para los niños y niñas… Hay que madrugar y salir corriendo de casa, tienes un montón de tareas en la escuela y en casa, y haces deportes que te dejan exhausto.

Para contrarrestar todo ese estrés y sentirte tranquilo y con la mente relajada, no hay nada mejor que la meditación. Existen muchas técnicas diferentes: muchas empiezan por cerrar los ojos, respirar profundamente y vaciar la mente de todo lo que te preocupa. Pide a papá y a mamá que te enseñen estas técnicas, si las saben, o que te lleven a un maestro en meditación.

Cierra los ojos,
¡y déjate ir!

Después del ejercicio

Tan importante como el calentamiento cuando empiezas a hacer deporte es el enfriamiento cuando terminas. Después de hacer un gran esfuerzo deportivo es bueno devolver el cuerpo poco a poco a su estado normal de reposo.

Primero corres más suavemente y luego empiezas a caminar. También va bien hacer estiramientos ligeros. Esto te protegerá de las lesiones. El corazón late cada vez menos aceleradamente y la respiración se normaliza. Durante el enfriamiento, o justo después, es buen momento para beber agua y reponer azúcares y sales minerales.

No pares el ejercicio en seco: enfría antes.

Sin tareas pendientes

¿Sabes cuál es el mejor momento para empezar una tarea pendiente? No es mañana, no es dentro de unas horas, no es «en un ratito». El mejor momento es ahora. Si dejas las cosas siempre para luego estarás procrastinando, y eso, al final, te hace sentir mal.

Hay trucos muy sencillos para evitar procrastinar. Primero, piensa que todas las tareas, hasta las más largas y complicadas, requieren al principio solo un pequeño paso: empieza y ya tienes mucho ganado. Además, comienza por las partes más sencillas: eso te animará a seguir hasta el final porque verás que, poco a poco y sin darte cuenta, ya has acabado.

¡Preparados, listos, ya!

Pon tu memoria a trabajar

Una de las herramientas más útiles que tienes gracias a tu cerebro es la memoria. Es capaz de almacenar una cantidad enorme de datos: textos, números, fechas, nombres, caras, paisajes y hechos pasados.

Gracias a la memoria, puedes recuperar esos datos cuando lo necesites. Lo mejor es que, al igual que los músculos, la memoria se amplía y se fortalece si la ejercitas. Algunos juegos son ideales para desarrollarla: el ajedrez, los trabalenguas, «Simón dice», el teléfono roto, memorama...
Hay muchos.

¿Te acuerdas de la primera página de este libro?

Vida Saludable

Plutón Kids

www.plutonkids.es
www.plutonediciones.com

Texto: Alejandro Algarra
Ilustraciones: Jon Davis
Diseño y maquetación: Estudi Guasch, S.L.
© Gemser Publications, S.L.

Publicado por: Plutón Ediciones X, S.L.
España 2023

ISBN: 978-84-19651-18-1
Depósito Legal: B-5415-2023

Impreso en España

Reservados todos los derechos. Prohibida la reproducción total o parcial de esta obra mediante cualquier medio o procedimiento, comprendidos la impresión, la reprografía, el microfilm, el tratamiento informático o cualquier otro sistema, sin permiso escrito del propietario de los derechos.